全国老年大学规划教材

U0739117

人邮体育　主编　陈天宇　编

老 年 人

羽毛球

教程

大图大字视频学习版

人民邮电出版社

北 京

图书在版编目（CIP）数据

老年人羽毛球教程 / 人邮体育主编；陈天宇编. --
北京：人民邮电出版社，2023.11
ISBN 978-7-115-62197-9

Ⅰ．①老… Ⅱ．①人… ②陈… Ⅲ．①羽毛球运动—
教材 Ⅳ．①G847

中国国家版本馆CIP数据核字(2023)第121620号

免 责 声 明

内 容 提 要

本书是专门为老年人设计的羽毛球入门学习指导书，由专业运动员示范技术动作。本书首先介绍
了基本站姿、握拍、熟悉羽毛球等基础练习，接着采用真人示范、分步图解的形式详细讲解了步法、
各类发球和击球技术，致力于为热爱羽毛球运动的老年人提供科学的指导。同时本书提供了部分技术
动作的展示视频，能切实帮助老年人快速领悟技术要点，实现快速上手。

◆ 主　　编　人邮体育
　　编　　　　陈天宇
　　责任编辑　林振英
　　责任印制　彭志环

◆ 人民邮电出版社出版发行　　北京市丰台区成寿寺路 11 号
　　邮编　100164　电子邮件　315@ptpress.com.cn
　　网址　https://www.ptpress.com.cn
　　北京捷迅佳彩印刷有限公司印刷

◆ 开本：787×1092　1/16
　　印张：6.25　　　　　　　　2023 年 11 月第 1 版
　　字数：74 千字　　　　　　　2023 年 11 月北京第 1 次印刷

定价：38.00 元

读者服务热线：(010)81055296　印装质量热线：(010)81055316
反盗版热线：(010)81055315
广告经营许可证：京东市监广登字 20170147 号

序

近年来，随着老年人口数量的不断增大，我国陆续发布了《"健康中国2030"规划纲要》《关于促进养老托育服务健康发展的意见》《全民健身计划（2021—2025年）》《"十四五"国家老龄事业发展和养老服务体系规划》《"十四五"健康老龄化规划》等政策文件，以引导和促进实现积极老龄观和健康老龄化。这些政策文件中指出了可通过指导老年人科学开展各类体育健身项目，将运动干预纳入老年人慢性病防控与康复方案，提供文化体育活动场所，组织开展文化体育活动等措施支持老年人参与体育健身，丰富老年人的精神文化生活，全面提升老年人的身心健康水平与生活品质。

与此同时，作为我国老年人教育事业的重要组成部分，老年体育教育承担着满足老年人的体育学习需求，丰富老年教育的内容和形式，以及不断探索老年教育模式的责任，可长远服务于积极应对人口老龄化、实现教育现代化和建设学习型社会。

在上述背景下，人民邮电出版社有限公司作为建社70周年的综合性出版大社，同时作为全国优秀出版社、全国文明单位，围绕"立足信息产业，面向现代社会，传播科学知识，服务科教兴国，为走中国特色新型工业化道路服务"的出版宗旨，基于在信息技术、摄影、艺术、运动与休闲等领域的领先出版资源、经验与地位，策划出版了"老年人体育活动指导系列图书"（以下简称本系列图书）。本系列图书是以指导老年人安全、有效地开展不同形式体育活动为目标的老年体育教育用书，并且由不同体育领域的资深专家、学者和教育工作者担任作者和编委会成员，确保了内容的专业性与科学性。与此同时，本系列图书内容覆盖广泛，其中包括群众基础广泛、适合个人习练或进行团体表演的传统武术与健身气功领域，具有悠久传承历史、能够极大丰富老年生活的棋牌益智领域，包含门球、乒乓球等项目在内的运动专项领域，旨在针对性改善慢性疼痛、慢病预防与控制、意外跌倒等老年人突出健康问题的运动功能改善训练领域，以及涵盖运动安全、运动营养等方面的运动健康科普领域。

　　本系列图书在内容设置和呈现形式上充分考虑了老年人的阅读和学习习惯，一方面严格按照循序渐进的原则进行内容讲解，另一方面通过大图大字的方式分步展示技术动作，同时附赠了扫码即可免费观看的在线演示视频，以帮助老年人降低学习难度、提高训练效果，以及为相关课程的开展提供更丰富的教学素材。此外，为了更好地适应和满足老年人日益丰富的文化需求，本系列图书将不断进行内容和形式上的扩充、调整和修订，并努力为广大老年读者提供更丰富、更多元的学习资源和服务。

　　最后，希望本系列图书能够为促进老年体育教育发展及健康老龄化进程贡献微薄之力。

在线视频访问说明

本书提供部分技术动作的展示视频，您可通过微信"扫一扫"，扫描下方或书中动作讲解页面上的二维码进行观看。

步骤1　打开微信"扫一扫"（图①）。

步骤2　扫描上方或书中动作讲解页面上的二维码，扫描后可直接进入动作视频观看页面（图②）。

图①

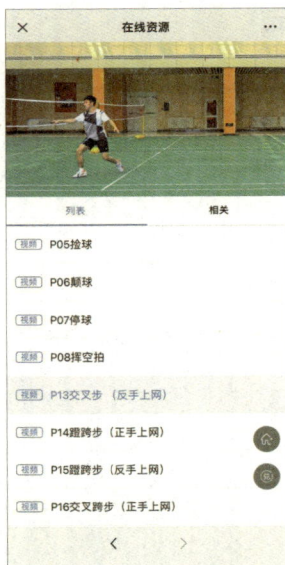

图②

目录

第五章　　基本规则

1

第一章

基础练习

　　基础练习是熟悉羽毛球这项运动的第一步。本章结合握拍、基本站姿以及熟悉羽毛球的练习，介绍了适合初学者的简单练习方法，可以帮助练习者掌握正确的基本姿势和状态，进而在此基础上，延伸学习更多的技巧。

基本站姿

视线

面向正前方，注视对面场地。对方挥拍时一边看球一边预判球到落点的飞行轨迹。

上身

上身放松，收腹前倾。肩膀过于紧绷或腰背过于僵硬都会使动作迟缓。

膝关节

膝关节在不用力的状态下略微弯曲。

球拍

拍面立起，使对方无法看到拍面。拍头稍向上斜。

站姿

双脚分开站立，右脚略靠前，脚跟微微抬起，重心略向前移。

特别提示

本书所有与持拍相关的技术动作均以右侧为优势侧进行描述，左侧为优势侧的运动员以相反方向为准。

▌正手握拍

正手握拍是羽毛球运动中基础的握拍方法。这种方法运用广泛，尤其适合初学者使用。

虎口对准拍柄窄面的左棱线

拍面与地面垂直

拇指内侧和食指将拍柄握住（食指在上，拇指在下）。

食指和中指稍分开。

▋反手握拍

在身体左侧用球拍反面击球时所用的握拍方法被称为反手握拍法。在这种握拍方法中，拇指发力十分重要。

掌心空出，方便手腕和手指发力

拇指第一关节紧贴拍柄的宽面，击球时拇指前顶发力

拇指放松且贴合拍柄，同时保持指尖位置高于食指。

四指环扣拍柄且小指抠住拍柄。

特别提示

羽毛球握拍应做到"先松后紧"，这对我们提高羽毛球的技术水平有很重要的影响。

捡球

扫码看视频

练习步骤

1

右手持拍站在羽毛球前。

2

俯身，同时将拍子与地面呈一定角度侧立在羽毛球边靠近球托的位置。

3

右臂快速左旋，带动拍面向上、向右旋转，拍面贴紧球的侧面将球抄起。

颠球

扫码看视频

练习步骤

1

身体自然正直站立，双脚稍稍分开。右手持拍在腹部前方端平，将羽毛球放在拍面上。

2

向上托击羽毛球，然后翻转球拍，跟随羽毛球落下的位置，准备接球。

3

用球拍主动追随羽毛球，将其向上托击。交替用球拍的正反面进行颠球练习，找到球感。

特别提示

进行颠球练习时，拍面近似水平。向上托击球时，手臂不要发力太大。

停球

扫码看视频

练习步骤

1

身体自然正直站立，双脚稍稍分开。右手持拍在腹部前方端平，将羽毛球放在拍面上。

2

将拍面沿一定弧度向右上方挥去，将球带向空中。

3

在球下落过程中，球托向下时，球拍朝向球的侧面，顺着球的轨迹贴球下移，在拍杆水平时小臂外旋，使拍面截住球，停球成功。

特别提示

此动作可培养球感，以及对球的操控能力。在面对对方有力的来球时，此动作可以起到卸力的作用。

挥空拍

扫码看视频

练习步骤

1

面对球网，以准备姿势站立。

2

右脚后撤，向右转体 90 度，同时右臂跟随向后方引拍。

3

右脚蹬地转体，用胯带动肩部左转。同时右臂向后引拍至肘关节朝上。

特别提示

进行挥空拍练习时，要注意保持身体的稳定性，尤其是对重心的控制。如果身体不稳定，就会影响挥拍的准确性和力量。

4

向左转体过程中，小臂带动手腕从后往前击球，击球点在头顶正上方。

5

右臂带动球拍向身体左下方收回。

特别提示

进行挥空拍练习时，要保持一定的节奏，不要过于急躁或过于缓慢。可以根据自己的水平和能力逐渐调整节奏，提高练习的效果。

2

第二章

步法

优秀的击球技术的发挥必须配合灵活的步法。因此，步法是羽毛球学习的重点内容之一。在羽毛球比赛中，通过正确的步法可以更好地移动到合适的位置，提高击球的效率，从而获得更多的得分机会。

交叉步（正手上网）

练习步骤

1

面对球网，以准备姿势站立。

2

身体重心前移，左脚经右脚的前面，向右前方上步。右臂配合前伸。

3

左脚落地后，右脚向右前方跨一大步，脚跟先着地。身体带着左脚有拖曳动作。右臂配合挥拍击球。

特别提示

交叉步的单脚移动距离大，在来球离自己较远时，可以使用交叉步快速到达击球点。

交叉步（反手上网）

扫码看视频

练习步骤

1

面对球网，以准备姿势站立。

2

判断来球方向在己方反手网前，且距离自己稍远时，右脚蹬地发力，向左侧身，同时左脚向身体左前方迈步。

3

左脚落地，右脚向左前方做交叉步。同时将正手握拍调整为反手握拍。右脚落地，右臂配合做击球动作。

特别提示

在来球距离自己稍远的反手网前时，可使用交叉步反手上网步法配合击球。

蹬跨步（正手上网）

扫码看视频

练习步骤

1

面对球网，以准备姿势站立。

2

判断来球方向在己方正手网前时，左脚蹬地发力，右脚向右前方跨出一大步。

3

右脚脚跟先着地，右臂配合做挥拍击球动作。左脚脚尖内侧跟随做拖曳动作。

特别提示

跨出一步的大小和方向，根据来球的远近和方向而定。

蹬跨步（反手上网）

扫码看视频

1 ~ 2

面对球网，以准备姿势站立。判断来球方向在己方反手网前时，左脚蹬地发力，向左侧身，右脚向身体左前方跨出一大步，左脚脚尖内侧跟随做拖曳动作，同时右手反手握拍，右臂配合做反手击球动作。左臂向后打开，保持身体平衡。

交叉跨步（正手上网）

扫码看视频

练习步骤

1 ~ 3

面对球网，以准备姿势站立。判断来球方向在身体右前方时，右脚上前一步。左脚向前做交叉步。

4 ~ 5

右脚向来球方向再跨一步，同时将球拍伸向来球的方向。右脚着地，同时右臂配合做正手击球动作。左脚脚尖内侧跟随做拖曳动作。

特别提示

当来球距离自己较远时，需要用交叉步加一个跨步接近来球。最后一步右脚着地时，脚跟先着地。

交叉跨步（反手上网）

扫码看视频

练习步骤

1 ~ 2

面对球网，以准备姿势站立。判断来球方向在己方反手网前，且距离自己比较远时，左脚蹬地，向左侧身，右脚迈向身体左前方。

3 ~ 4

左脚向左前方做交叉步，同时右臂配合内旋，反手握拍，用球拍反面迎球。左脚落地后，右脚向左前方跨出一大步，左脚脚尖内侧跟随做拖曳动作。右脚落地后击球。

一步后退（正手）

扫码看视频

练习步骤

1

面对球网，以准备姿势站立。

2

判断来球方向在己方正手后场，且距离不太远时，右脚向右后方撤一步，距离约与肩同宽，同时左脚向右后方蹬地发力，右脚落地后同样辅助起跳，向右后方跳起。右臂向右后方引拍，左臂配合抬起。

3

腾空时身体向左转动，挥拍，做击球动作。

特别提示

要注意保持身体的平衡和稳定。

两步后退（正手并步）

扫码看视频

练习步骤

1 ~ 2

面对球网，以准备姿势站立。判断来球方向在己方正手后场稍远的位置时，左脚蹬地发力，向右侧身 90 度，右脚向身体右后方跨出一步。

3 ~ 4

左脚并步。左脚着地后蹬地发力，带动身体向上跳起，右手持拍并向头部后方引拍，配合做出击球动作。

特别提示

当来球在己方后场且距离自己稍远时，可采取向右后方做蹬跨步加一个并步再加一个蹬跨步的步法，然后起跳击球。

三步后退（正手交叉步）

练习步骤

1

面对球网，以准备姿势站好。

2

判断来球方向在己方正手后场，距离远时，左脚蹬地发力，右脚向右后方做一个蹬跨步，双臂配合抬起。

3

左脚从右脚后方再向后方做一个交叉步。

特别提示

在进行练习时，要注意保持身体的平衡和稳定，避免摔倒或扭伤。可以通过掌握正确的步法和动作技巧来提高平衡性和稳定性。

练习步骤

🏸 **4 ~ 5**

紧接着右脚再向后做一个跨步。右脚着地后蹬地发力，带动身体向上跳起，右手持拍并向头部后方引拍，接着击球。

正手垫步 + 跨步接杀球

练习步骤

1

以基本站姿做好准备。

2

左脚向来球方向做小垫步，靠近右脚。左脚在落地的同时用力蹬地，右脚接着向右做跨步动作。

3

右脚跨出一大步的同时，左脚脚尖内侧稍稍拖地跟行。

扫码看视频

反手垫步 + 跨步接杀球

练习步骤

1

以基本站姿做好准备。

2

左脚向左侧垫一小步，向左转髋，同时改为反手握拍。

3

左脚落地的同时用力蹬地，右脚向左跨出一大步。

扫码看视频

3

第三章

发球技术

发球是羽毛球运动中最基础的技术之一。在双方实力相当的情况下，发球的水平对比赛胜负有很大的影响。优秀的发球手法可以创造更多的进攻机会，在比赛中为自己赢得主动权。

正手发网前球

练习步骤

1

侧对球网，双脚分开前后站立，左脚脚尖朝球网，右脚脚尖朝右，重心在右脚。右手正手握拍并抬起，肘关节低于肩，前臂和大臂成一定夹角。左手持球，球托朝下。

2

右大臂尽量紧贴身体，右小臂稍稍外旋，髋部左转，重心从右脚移到左脚。

特别提示

准备时，重心在右脚；击球时，重心转移到左脚。持球至与视线齐平，与眼睛保持一定距离。击球时手臂伸直。

3

用前臂带动手腕向前推拍并击球，击球的瞬间尽量缩小拍面与球的接触距离，用惯性把球推出去。

4

肘关节微屈，将球击过网落至网前发球线后即可。注意动作要小。

特别提示

在进行正手发网前球练习时，需要控制好发球的力度和速度，避免过于急躁或过于缓慢。可以通过反复练习来逐渐掌握正确的发球力度和控制能力。

反手发网前球

扫码看视频

练习步骤

1

双脚前后分开站立，与肩同宽。右脚在前，左脚在后。

2

重心前移至右脚，左手在体前持球，右手反手握拍放置于球的后方，拍头略下垂，拍头低于腰部。

3

左手放球，同时右手短暂引拍，从后向前推拍击球，完成动作。

特别提示

羽毛球发球时，击球点的高度不得超过 1.15 米。反手发球时主要利用前臂力量即可，切记不要过度抬肩。

正手发高远球

扫码看视频

1～2

侧对球网，双脚分开前后站立，左脚脚尖朝球网，右脚脚尖朝右，重心在右脚。右手正手握拍并抬起，肘关节低于肩，前臂和大臂成一定夹角。左手持球，球托朝下。右小臂外旋，向后引拍，自然后举于身体右后侧。从后至前划半圆挥拍，同时重心顺势前移，从右脚移至左脚。

3～4

左手自然将球松开，使球垂直下落。击球时使小臂外旋，击球点在身体前方，髋关节高度。展腕，用正拍面将球击出。击球后，右臂顺势挥拍到身体左上方。

反手发高远球

练习步骤

1

双脚分开站立，左脚在后，脚尖向外，脚跟抬起。重心在右脚。左手在体前持球，右手反手握拍放置于球的后方。

2

右手持拍，向身体方向做一个半弧形的回拉动作来引拍。

3

左手放球，同时右大臂带动小臂外旋右手拇指前顶，合力将球击向对方后场，完成动作。

特别提示

反手发后场球需要较强的前臂力量和高水平技术配合，虽然使用频率不高，但可以在合适的时机取得较好的效果，因此值得多加练习。

正手发平快球

扫码看视频

1 ~ 2

侧对球网，双脚分开前后站立，左脚脚尖朝球网，右脚脚尖朝右，重心在右脚。右手正手握拍并抬起，肘关节低于肩，前臂和大臂成一定夹角。左手持球，球托朝下。右大臂尽量紧贴身体，右小臂稍稍外旋，髋部左转，重心从右脚移到左脚。

3 ~ 4

左手将球自然放落，用前臂带动手腕向前推拍并击球，击球的瞬间尽量缩小拍面与球的接触距离，用惯性把球有力地平推出去。击球后右臂随挥。

反手发平快球

扫码看视频

练习步骤

1

身体正对球网，做好发球姿势。左手在腹部前方持球，右手反手握拍放置于球的后方，拍头稍稍垂下，低于拍柄。

2

右手向身体方向稍稍引拍。

3

左手松球，右手快速向前方推动球拍，推拍时球拍摆动幅度小，但爆发力大。

特别提示

在进行反手发平快球练习时，需要控制好手腕的力度和角度，避免发球过于偏离目标。可以通过练习不同角度的发球，以逐渐提高手腕的控制能力。

4

第四章
击球技术

  不同的击球方法会使羽毛球呈现出不同的飞行状态，进而达到不同的击球效果。本章介绍了放网前球、搓球、勾球、推球、挑球、扑球、抽球、高远球、杀球等常用的击球方法，以帮助练习者系统掌握击球技术，提升羽毛球水平。

正手放网前球

练习步骤

1

面对球网，以准备击球姿势站立。

2

观察来球的方向，以正手上网步法快速移动至来球方向，右手握拍伸向右前方。

3

准备击球时，左臂后伸，右手握拍稍稍放松，小臂外旋，小幅度上提球拍，轻击球托，使球掉落在对方的网前。

特别提示

放网前球是一项比较细腻的技术，需要在击球时掌握好力度，同时充分感受手指的发力。

反手放网前球

扫码看视频

练习步骤

1

面对球网，以准备击球姿势站立。

2

向左前方的来球方向用反手网前上网步法完成脚下动作，同时调整为反手握拍。

3

准备击球时，左臂后伸。右手反手握拍，小臂微内旋，用球拍轻击球托，使球掉落在对方的网前。

特别提示

右手反手握拍时，可以向右下方收腕，利用手腕的力量将球切削出去。需要注意控制好力度，力度不能过大。

4.2 搓球

正手收搓

扫码看视频

1~2

面对球网，以准备击球姿势站立。观察来球的方向，以正手上网步法快速移动至来球方向，右手伸向右上方。

3~4

向右上方引拍，手腕处于展腕状态，击球时手腕从展到收，由外向内转动球拍，使球拍的轨迹成弧线。击球瞬间切削球托的底部左后侧，使球沿顺时针方向翻转。

特别提示

收搓击球时，手腕处于展腕状态，手腕从展到收，球拍的轨迹是 1/4 圆弧线。

正手展搓

扫码看视频

1~2

面对球网，以准备击球姿势站立。观察来球的方向，以正手上网步法快速移动至来球方向，右手伸向右上方。

3~4

手腕动作从收到展，基本不引拍，直接将球拍伸到击球点。击球前拍头朝下，击球时手腕外展。

特别提示

展搓击球时，手腕从收到展，球拍的轨迹依旧是1/4圆弧线，只是方向不同。

反手展搓

扫码看视频

练习步骤

1

面对球网，以准备击球姿势站立。

2

观察来球的方向，以反手上网步法快速移动至来球方向，右手伸向左上方。

3

向左上方引拍，手腕动作由收到展，击球瞬间切削球托的右下方，使球翻转过网。

特别提示

反手展搓击球时，手腕由右至左切球托。

反手收搓

扫码看视频

练习步骤

1

面对球网，以准备击球姿势站立。

2

观察来球的方向，以反手上网步法快速移动至来球方向，右手伸向左上方。击球前屈臂收腕。

3

球拍伸向击球点，击球瞬间手腕动作从展到收，切削球托的左下方，使球翻转过网。

特别提示

反手收搓击球时，手腕由左至右切球托。

正手勾球

扫码看视频

练习步骤

1

面对球网，以准备击球姿势站立。

2

观察来球的方向，根据来球的路线和落点，快速移动到合适的击球位置，同时右手伸向右前方，向上举拍，提高身体的重心。

3

击球时手先稍微下放，接着手腕内旋，食指和拇指旋转拍柄，拨击球托右后侧，使球沿对角线方向坠落到对方网前。

特别提示

打正手勾球前，要先站好位，调整好姿势，将球拍举到合适的高度。

反手勾球

扫码看视频

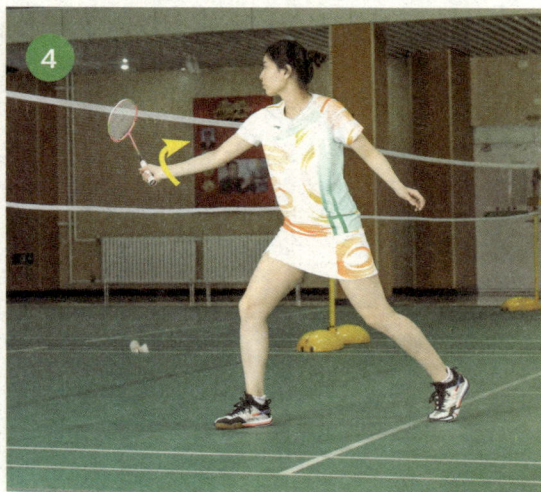

练习步骤

1~2

面对球网，以准备击球姿势站立。观察来球的方向，运用反手上网步法向来球方向移动，同时球拍自然前举。

3~4

击球时肘部下沉，同时小臂外旋，手腕微屈，接着闪腕，拨击球托，使球沿对角线方向飞越到对方网前。

4.4 推球

正手推球

扫码看视频

练习步骤

1~2

面对球网，以准备击球姿势站立。观察来球的方向，运用正手上网步法向来球方向移动，同时球拍自然前举。

3~4

击球前小臂稍外旋，手腕向后伸，拍面稍上扬。击球时肘关节伸展，小臂内旋，拍面迎球推击出去。击球后快速后退几步变为起始姿势，准备下次击球。

反手推球

扫码看视频

练习步骤

1~2

面对球网，以准备击球姿势站立。观察来球的方向，运用反手上网步法向来球方向移动，同时球拍自然前举。

3~4

击球前小臂稍内旋，手腕向后伸，拍面上扬。击球时小臂稍外旋，手腕由外展到伸直闪腕，拇指和食指发力推击球。击球后迅速后退，变为起始姿势，准备下一轮的击球。

正手挑球

扫码看视频

练习步骤

1

面对球网，以准备击球姿势站立。

2

观察来球的方向，运用正手上网步法向来球方向移动。

3

右脚向前迈出一大步，击球前小臂外旋，手腕向后伸，准备引拍。

特别提示

在挑球时，要将身体的重心向后移动，以便更好地打出球的高度和距离。

4

以肘关节为轴画半圆，握紧球拍，小臂发力，将球向前上方击出，球拍顺势带到左肩上方，完成击球动作。

5

击球后迅速向后退，回到起始姿势，准备下一轮的击球。

特别提示

正手挑球时，球拍由右下方，到右前方再到左上方挥拍，如下图所示。

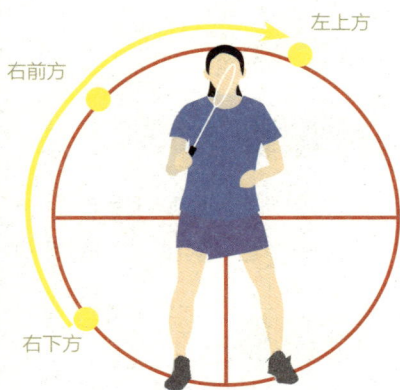

左上方

右前方

右下方

反手挑球

扫码看视频

练习步骤

1 ~ 2

面对球网，以准备击球姿势站立。观察来球的方向，运用反手上网步法向来球方向移动。

3 ~ 4

击球前小臂下压，右臂向左后方屈肘引拍。接着以肘关节为轴，经体前右下方往上方画半圆挥拍击球，同时通过调整拍面的角度来挑出直线或斜线高球。击球后迅速后退，回到起始姿势，准备下一轮击球。

▊ 正手扑球

扫码看视频

练习步骤

1

面对球网，以准备击球姿势站立。

2

观察来球的方向，右脚蹬跨的同时腾空跃起，小臂向前上方伸，右手举起球拍正对来球方向。手腕闪动，通过手指的力量将球扑下。

3

扑球后注意缓冲，后退，回到起始姿势，准备下次击球。

特别提示

在扑球时，手腕的力量是关键。灵活控制手腕力量有利于打出球的速度和角度，手腕的力量要适度，不要过度用力。

反手扑球

扫码看视频

练习步骤

1 ~ 2

面对球网，以准备击球姿势站立。观察来球的方向，身体腾空上网时，球拍随小臂前伸并举起。击球时，手臂由屈到伸闪动手腕，瞬间握紧球拍，发力加速挥拍扑击。

3 ~ 4

扑球后球拍随手臂收回至体前，调整站位，准备下次击球。

4.7　挡网前球

正手挡直线网前球

扫码看视频

练习步骤

1 ~ 2

面对球网，以准备击球姿势站立。向右侧边线移动。

3 ~ 4

身体右倾，右臂前伸，小臂外旋，手腕外展。击球时小臂内旋，将球拍从身体的右下方向前上方推送，击直线球挡向网前。击球后，身体面对球网，球拍收至体前，调整站位，准备下次击球。

正手挡斜线网前球

扫码看视频

练习步骤

1~2

面对球网，以准备击球姿势站立。向右侧边线移动。身体向右倾，右手向后引拍。

3~4

击球时，肘关节屈收的同时小臂稍内旋，小臂从右至左拖带击球。通过小臂的力量控制拍面在合适的角度击球，使球落在对角网前。击球后，身体面对球网，球拍收至体前，调整站位，准备下次击球。

反手挡直线网前球

扫码看视频

练习步骤

1~2

面对球网，以准备击球姿势站立。移动至左场区边线。身体向左侧转动，右肩正对网，手肘弯曲，外展手腕并引拍至左肩前上方。

3~4

击球时，借对方来球的冲力，小臂带动球拍由左上方向右前方击打球托，把球直线挡回网前。击球后，身体右转面对球网，然后恢复准备姿势。

反手挡斜线网前球

扫码看视频

练习步骤

1~2

面对球网，以准备击球姿势站立。移动至左场区边线。身体向左侧转动，右肩正对网，手肘弯曲，外展手腕并引拍至左肩前上方。

3~4

击球时，小臂带动手腕闪动挥拍击打球托的右后侧，使球向对角线网前掉落。击球后，身体右转面对球网，然后恢复准备姿势。

4.8 / 抽球

正手抽球

扫码看视频

练习步骤

1

面对球网，以准备击球姿势站立。

2

观察来球的方向，身体右转，双脚快速向来球方向移动，同时右臂伸出。

3

右脚落地，右肘关节后摆，小臂外旋，朝右后方引拍。击球时手腕伸直，球拍由右后方往右前方高速平抽来球。

特别提示

如果来球从己方场地的正手位置过来，高度在肩部和膝盖之间，而且自身比较主动，那么可以考虑使用正手抽球的技术。

反手抽球

扫码看视频

练习步骤

1

面对球网，以准备击球姿势站立。

2

右脚向左前方迈出一步，右手握拍举起。手肘上抬，小臂向后内旋，手腕引拍至左侧。

3

击球时小臂外旋，闪动手腕挥拍，击打球托的底部。击球后，球拍收回到身体的右侧前方，恢复准备姿势。

特别提示

抽球是一项带有主动攻击性的技术，需要将击球点放在球的前方，并迎着球进行击打，以确保球能够过网并保持平稳。此外，连贯性也非常重要，抽球后下一拍的连贯性能够决定下一步的进攻或防守。

4.9 高远球

正手直线高远球

扫码看视频

1~2

面对球网，以准备击球姿势站立。右脚向右后方迈步，同时向右侧身，左肩对网，左手自然上举，保持平衡，右手持拍，屈肘上举。观察来球方向，向后场移动。

3~4

当球下落到合适的位置时，双脚迅速向上跳起，同时向左转体，向后引拍。击球时，小臂外旋，然后急速内旋，带动手腕向前上方挥拍，用正拍面将球击出。击球后，持拍手继续向前下方挥动，接着将球拍收至体侧。

正手对角线高远球

扫码看视频

1 ~ 2

面对球网，以准备击球姿势站立。右脚向右后方迈步，同时向右侧身，左肩对网，左手自然上举，保持平衡。右手持拍，屈肘上举架拍。观察来球方向，向后场移动。

3 ~ 4

当球下落到合适的位置时，双脚迅速向上跳起，同时向左转体，以肩部为轴，向后画半弧线引拍。击球时，拍面向对角线倾斜，同时身体转向面对对角线方向，完成击球动作。击球后，持拍手随着惯性向前下方挥动并将球拍收至体侧。

反手直线高远球

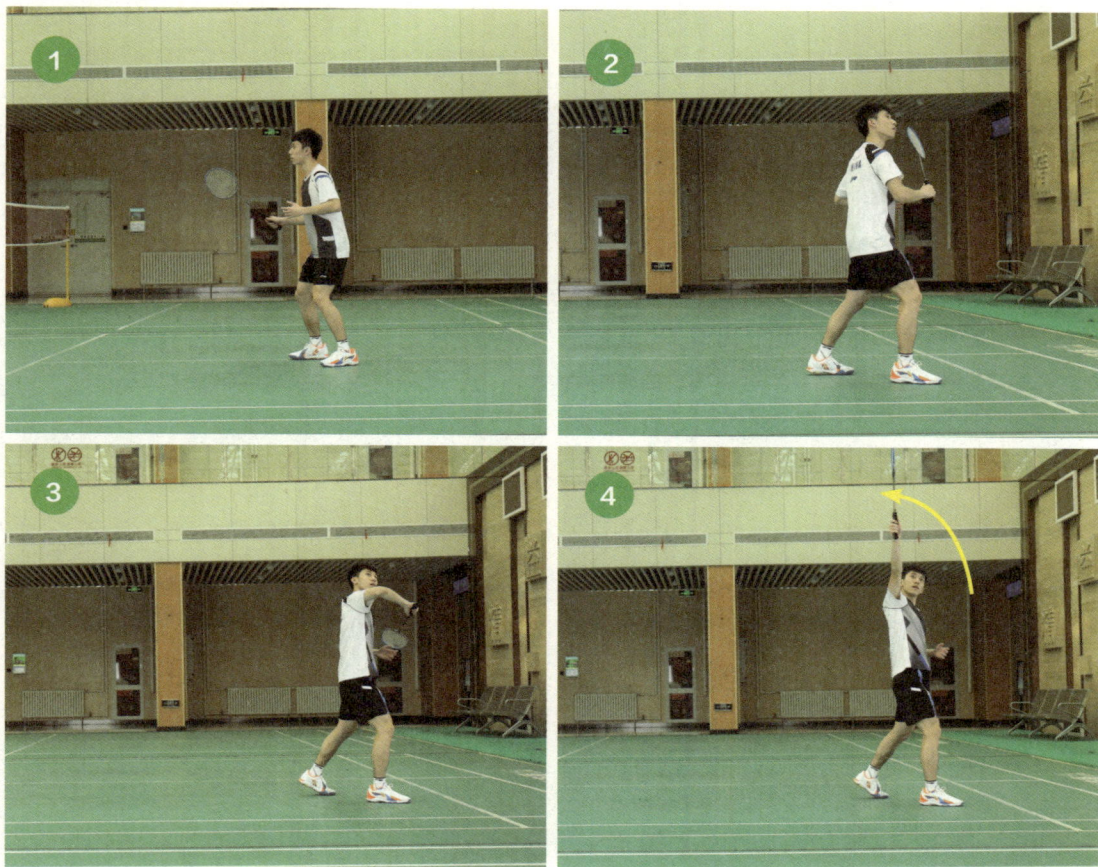

1 ~ 2

面对球网，以准备击球姿势站立。注意来球方向，向左、向后转身移动，背对球网，转为反手握拍，持拍于胸前，肘关节微屈，拍面朝上。

3 ~ 4

引拍到身体左前方，击球时，肘部上抬，成引拍姿势，小臂带动手腕急速外旋并展腕，发力将球击向对方后场。击球后，持拍手随着惯性挥动，接着转体恢复成准备姿势，准备下次击球。

反手对角线高远球

扫码看视频

练习步骤

1 ~ 2

面对球网，以准备击球姿势站立。注意来球方向，向左、向后转身移动，背对球网，转为反手握拍，持拍于胸前，拍面朝上。

3 ~ 4

引拍到身体左前方，击球时，肘部上抬，使拍面向内微收成引拍姿势，小臂带动手腕和手指发力击球，击球瞬间拍面对准对角线方向，完成击球动作。击球后，持拍手随着惯性挥动，接着迅速转体恢复成准备姿势，准备下次击球。

头顶高远球

扫码看视频

练习步骤

1 ~ 2

面对球网，以准备击球姿势站立。注意来球方向，向后场移动，同时向右侧身，左肩正对网，左手自然上举保持平衡，右手持拍举于头顶。

3 ~ 4

准备迎球时，向左转体，同时大臂上抬，小臂后伸引拍至身后。击球时右脚蹬地，小臂带动手腕急速内旋发力击球。击球后，持拍手随着惯性挥动至身体左后方，接着迅速回位，恢复成准备姿势，准备下次击球。

4.10 / 杀球

▌正手杀直线

扫码看视频

1～2

面对球网，以准备击球姿势站立。向右侧身，左肩正对网，左手自然上举保持平衡，右手持拍置于头顶。判断来球方向之后，双脚蹬地发力，向来球方向移动。

3～4

准备迎球时，小臂后伸引拍于身后。击球时，手臂充分放松，小臂内旋快速往前上方移动，同时，急速内旋带动手腕闪腕，利用爆发力，用球拍向正前下方击球。击球后，随着惯性沿着球的飞行方向挥拍，接着恢复准备姿势，准备下次击球。

正手杀对角线

扫码看视频

1 ~ 2

面对球网，以准备击球姿势站立。向右侧身，左肩正对网，左手自然上举保持平衡，右手持拍置于头顶。判断来球方向之后，双脚蹬地发力，向来球方向移动。

3 ~ 4

准备迎球时，小臂后伸引拍于身后。击球时，握紧球拍，手腕内旋并快速向下击打球托底部，同时向左转体协同发力，击球点在最高点偏下一点的位置。击球后，右肩转向对角线方向，并完成随挥动作，接着恢复准备姿势，准备下次击球。

反手杀直线

扫码看视频

练习步骤

1～2

面对球网，以准备击球姿势站立。注意来球方向，向左、向后转身移动，同时转为反手握拍，抬右肘准备迎球。

3～4

发力蹬地，收紧后背，肩部稳定，肘部上抬，成引拍姿势，大臂带动小臂和手腕发力击球，同时向右转体协同发力。

特别提示

反手杀球需要把握准确的时机，借助强劲的杀球力量，控制杀球的下压弧线和方向。注意出拍时拍面的角度，还有挥拍轨迹和击球的节奏。同时反手杀球技术一定要将引拍动作做到位，这是能够高质量击球的基础，在练习时可以将引拍动作幅度做大，强化肌肉记忆。

反手杀对角线

扫码看视频

练习步骤

1~2

面对球网，以准备击球姿势站立。注意来球方向，向左、向后转身移动，同时转为反手握拍，抬右肘准备迎球。

3~4

发力蹬地，收紧后背，肩部稳定，肘部上抬，成引拍姿势，大臂带动小臂和手腕发力击球，同时身体朝对角线方向向右转体协同发力。

特别提示

反手杀球技术可能是很多羽毛球爱好者想掌握的动作，但建议大家要在掌握步法的基础上再进行练习，这样回球才会更有威胁。在练习的过程中，一旦发现肩部和肘部有任何不适，都应立即停止该动作，在掌握好发力模式和增强身体力量后再进行练习。

▌跳杀

扫码看视频

练习步骤

1

准备迎球前，向右转体微屈膝。

2

注意来球方向，球开始下落时，双脚起跳，同时向后引拍。起跳后保持核心稳定，争取在最高点击球。

3

击球时有伸展腿部的动作，上身快速左转，右臂用力挥拍击球，落地时右臂顺势向身体左下方收拍。

特别提示

跳杀时起跳是为了提高击球点，同时借助腰腹部的力量增加击球的力度。但是在空中身体过分紧张会导致动作变形，所以起跳后，上身要放松。跳杀是一项需要身体各部位协调发力的技术，力量从脚传递到腿、腰、腹，再到手臂、手腕和手指，每一个部位都要协调发力。练习此动作要保持动作的连贯性。

正手吊直线

扫码看视频

1 ~ 2

面对球网，以准备击球姿势站立。向右侧身，左肩正对网，左手自然上举保持平衡，右手持拍举于头顶。判断来球方向之后，双脚蹬地发力，向来球方向移动。

3 ~ 4

向后引拍，准备迎球。击球时手腕内旋切球托左侧，且向下划带完成动作。击球后，随着惯性沿着球的飞行方向挥拍，接着恢复准备姿势，准备下次击球。

正手吊对角线

扫码看视频

练习步骤

1

面对球网，以准备击球姿势站立。

2

向右侧身，左肩正对网，左手自然上举保持平衡，右手持拍举于头顶。判断来球方向之后，双脚蹬地发力，向来球方向移动。

特别提示

吊球要控制好力度，力度过大容易让球出界，力度过小则无法打出想要的效果。吊球后下一拍的连贯性非常重要，能够决定下一步的进攻或防守。

3

准备迎球时，小臂后伸引拍于身后。击球时，手腕外旋包切球托的右侧。

4

击球后，随着惯性沿着球的飞行方向挥拍，接着恢复准备姿势，准备下次击球。

特别提示

高质量的吊球有一个很重要的特点就是具有欺骗性。动作要点是在高远球的基础上卸力完成击球动作，击球动作幅度小、发力准且连贯。

反手吊直线

扫码看视频

练习步骤

1 ~ 2

面对球网，以准备击球姿势站立。注意来球方向，向左、向后转身移动，同时转为反手握拍，抬右肘准备迎球。

3 ~ 4

右手迅速引拍到身体左下方。击球时，迅速向右转体，肘部上抬，小臂外旋，在高点接触到球后，有控制地向下拖带。击球后，随着惯性沿着球的飞行方向挥拍，接着恢复准备姿势，准备下次击球。

反手吊对角线

扫码看视频

练习步骤

1 ~ 2

面对球网，以准备击球姿势站立。注意来球方向，向左、向后转身移动，同时转为反手握拍，抬右肘准备迎球。

3 ~ 4

右手迅速引拍到身体左下方。击球时，迅速向右转体，肘部上抬，小臂外旋，在高点接触球后有控制地往左下方拖带。击球后，随着惯性沿着球的飞行方向挥拍，接着恢复准备姿势，准备下次击球。

头顶吊直线

扫码看视频

练习步骤

1

面对球网，以准备击球姿势站立。

2

向右侧身，左肩正对网，左手自然上举保持平衡，右手持拍举于头顶。判断来球方向之后，双脚蹬地发力，向来球方向移动。

特别提示

头顶吊球的击球点在头顶前上方，正手吊球击球点在右侧肩膀的前上方；头顶吊球击球时的身体位置大多在左边场地的后场，而正手吊球时，身体位置大多数在场地中间或右边场地。

3 ~ 4

准备迎球时，身体迅速向左转，小臂后伸引拍于身后。击球时，手腕外旋包切球托的右侧。

5

击球后，随着惯性沿着球的飞行方向挥拍，接着恢复准备姿势，准备下次击球。

特别提示

练习吊球时，如果球的路线和距离掌握不好，就会对对手有利。因此练习时，球速可以慢一些，尽量使球落在对方发球区的前发球线前面。如果可以将球打到前场，那后面也就容易吊长球了。

劈吊

练习步骤

1~2

面对球网，以准备击球姿势站立。向右侧身，左肩正对网，左手自然上举保持平衡，右手持拍置于头顶。判断来球方向之后，双脚蹬地发力，向来球方向移动。

3 ～ 4

准备迎球时，身体迅速向左转，小臂后伸引拍于身后。击球时，手臂伸至发力最高点，小臂外旋带动手腕和手指协调发力，击打球托正面且快速用力向下。击球后沿直线或对角线方向随挥，并迅速完成回位。

特别提示

劈吊技术能够在不降低球速的情况下，利用拍面切削球来使球的飞行距离变短。这种技术与杀球相似，但更隐蔽。

滑拍吊球

1

面对球网，以准备击球姿势站立。

2

向右侧身，左肩正对网，左手自然上举保持平衡，右手持拍置于头顶。判断来球方向之后，双脚蹬地发力，向来球方向移动。

特别提示

在打滑拍吊球前，要先站好位，调整好姿势，将球拍举到合适的高度。滑拍吊球需要利用拍面的侧面来切削球，并通过手腕的协调来使球的飞行轨迹产生弧线。

3~4

同劈吊一样，准备迎球时，身体迅速向左转，小臂后伸引拍于身后。击球时，小臂内旋，用拍面切击球托左侧。

5

击球后，随着惯性沿着球的飞行方向挥拍，接着恢复准备姿势，准备下次击球。

特别提示

滑拍吊球时拍面切击球托左侧，就像用抹布擦过球托一样，球拍沿顺时针方向转动，球向左前方飞去。击球时，手腕内旋较明显，但切击轻柔，不需要非常实。

5

第五章

基本规则

在羽毛球比赛中，除了要掌握基本技术，运动员还需要掌握常用的战术，这样才能更好占据有利局面。本章将介绍与羽毛球相关的基本规则及常用战术，以帮助运动员更好地应对比赛。

单打赛制

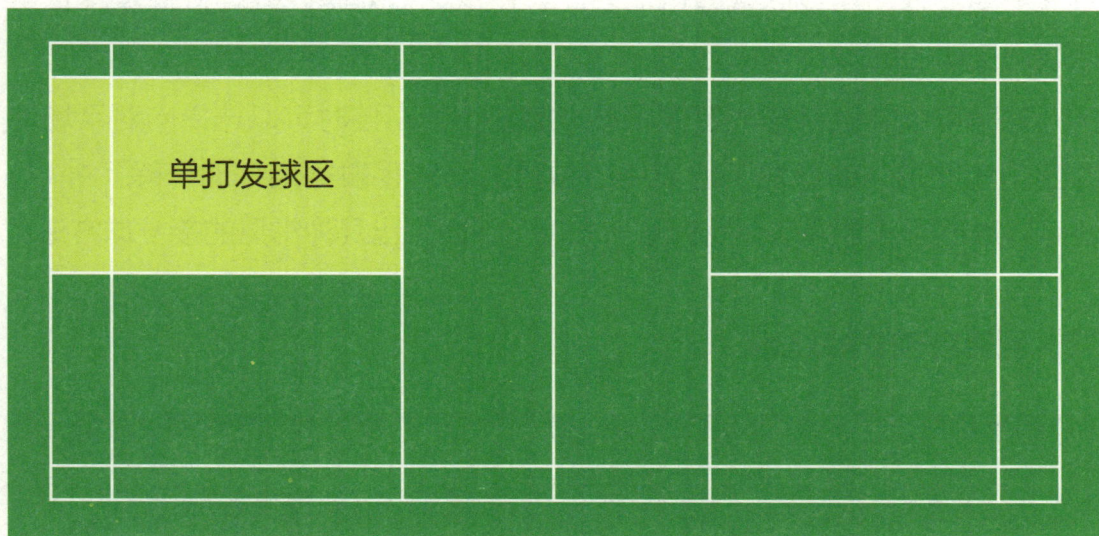

单打发球区

1. 球发出后，发球员和接发球员轮番击球，直到出现违例或者死球。

2. 比赛中，如果接发球员出现违例或死球，则另一方得分。随后，发球员从另一发球区发球。

3. 比赛中，如果发球员出现违例或死球，发球员就失去发球权。随后，接发球员成为发球员。

4. 发球员的分数为双数时，双方球员都在各自的右发球区发球或者接发球。

5. 发球员的分数为单数时，双方球员都在各自的左发球区发球或者接发球。

接发球技巧

羽毛球比赛中，发球方是得分的一方，本身就占有主动的优势。作为接发球方，该如何将其转化为己方的优势呢？

其实接发球方也有很大的优势，因为，发球方必须发对角线球，所以接球方只需要守住对角线区域即可。因此，接发球方如果能处理好接发球也可以取得主动地位。

接远球时可以尝试杀球或者劈吊球，接球姿势不佳时可以选择向对手场地的四个角回球，逼迫对手远离中心位置。而对手发网前球时，除了扑球，还可以通过回球至网前中间来抢占先机。下面列出几种常见的接发球方法。

⟫⟫ 利用后场球争取时间

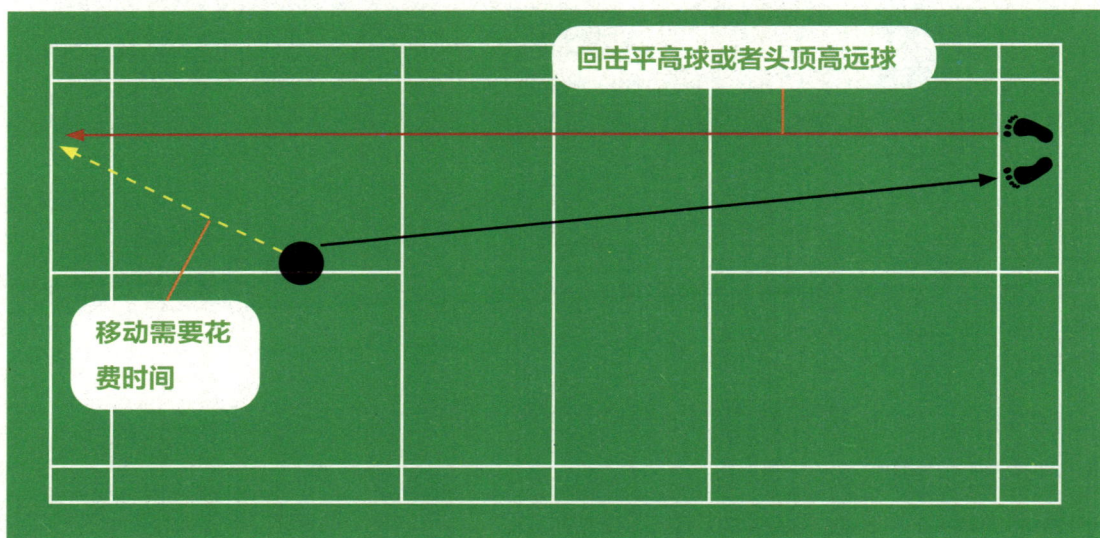

图示： 👣 己方　● 对手方　——▶ 供球路线　- - ▶ 选手的路线　——▶ 击球路线

当对手发来后场球时，回击平高球或者头顶高远球逼迫对手向后场移动，为己方回球争取时间。如果回球不到底线，那己方被反击的可能性就会很大。

⟫⟫ 把握机会接球得分

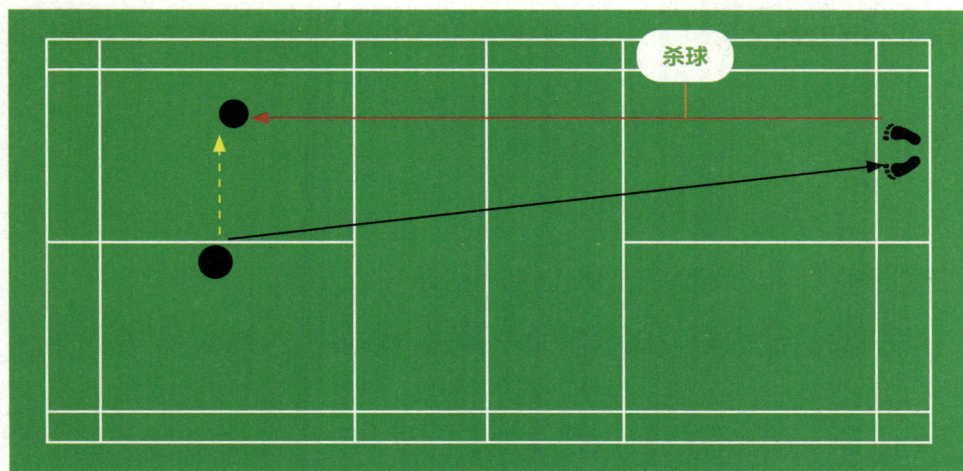

图示： 👣 己方   ● 对手方   ━━▶ 供球路线   ┅┅▶ 选手的路线   ━━▶ 击球路线

利用落在底线位置的杀球争取直接接球得分。反复利用这一打法，将对手的注意力吸引到底线的位置，然后突然攻击对方中场也可以有效得分。

⟫⟫ 利用网前球耗费对手体力

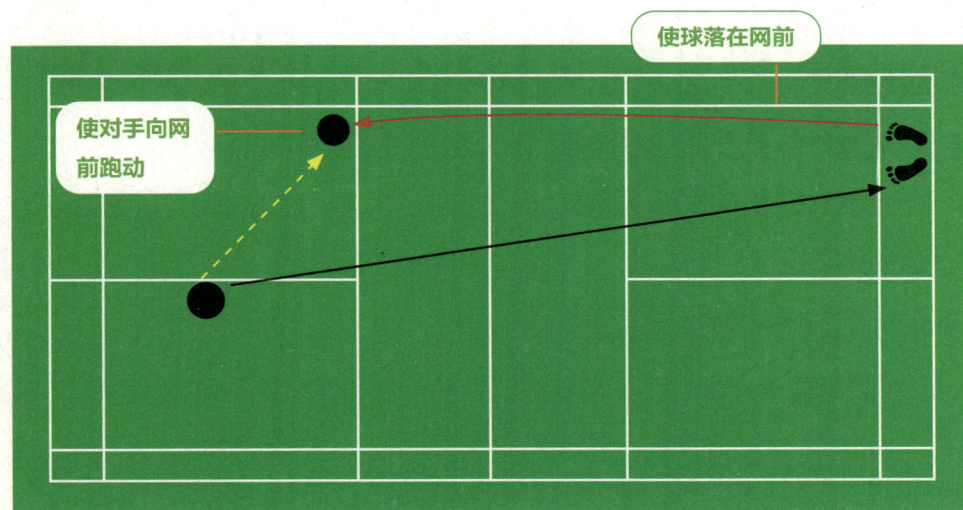

图示： 👣 己方   ● 对手方   ━━▶ 供球路线   ┅┅▶ 选手的路线   ━━▶ 击球路线

当对手发来后场球时，利用劈球或者吊球迫使对手向网前移动，使其腿部疲劳。但是如果不能准确地控制球的飞行线路，有可能被反击。

5.2 双打

双打赛制

1. 与单打相同，发球方得分为双数时，双方在右半场区域发球或接发球；当发球方得分为单数时，双方在左半场区域发球或接发球。

2. 只有接发球员才能接发球；如果接发球一方的同伴去接发球，则发球方得一分。

3. 当发球被回击之后，由发球方的其中一人击球，然后由接发球方的其中一人击球，直至出现死球。

4. 当发球被回击之后，则球员的站位不再受发球区域的限制，可以在本方场区任何位置击球。

5. 接发球方如果出现违例或者死球，则发球方得一分，原发球员继续在另一发球区发球。

6. 发球方如果出现违例或者死球，则接发球方得一分，并成为新的发球方。此时两位球员不交换左右半场。

7. 任何一方首先发球的队员失去发球权后，由首先接发球的同伴发球，失去发球权后再由首先发球员的同伴发球，当他失去发球权后，由首先接发球员发球，如此传递发球权。

8. 发球必须从两个不同的发球区交替发出。

9. 球员发球或者接发球的顺序不可有误，在一局比赛中不可连续两次接发球。

10. 本局胜利的一方中的任一球员可在下一局优先发球，失败一方中的任一球员可先接发球。

其余请参考关于羽毛球的比赛规则。

发球区及边线有效范围

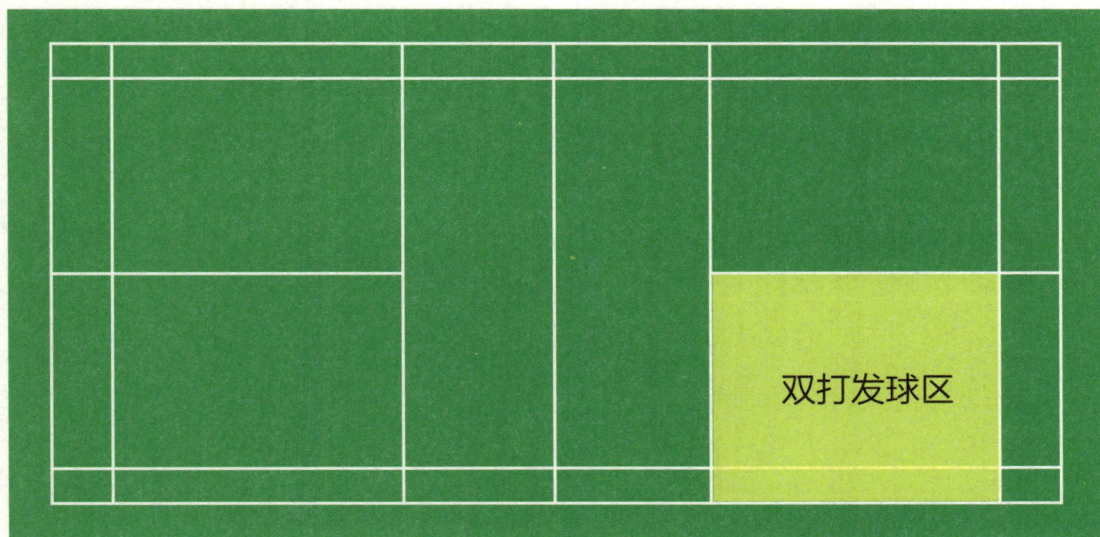

双打发球区

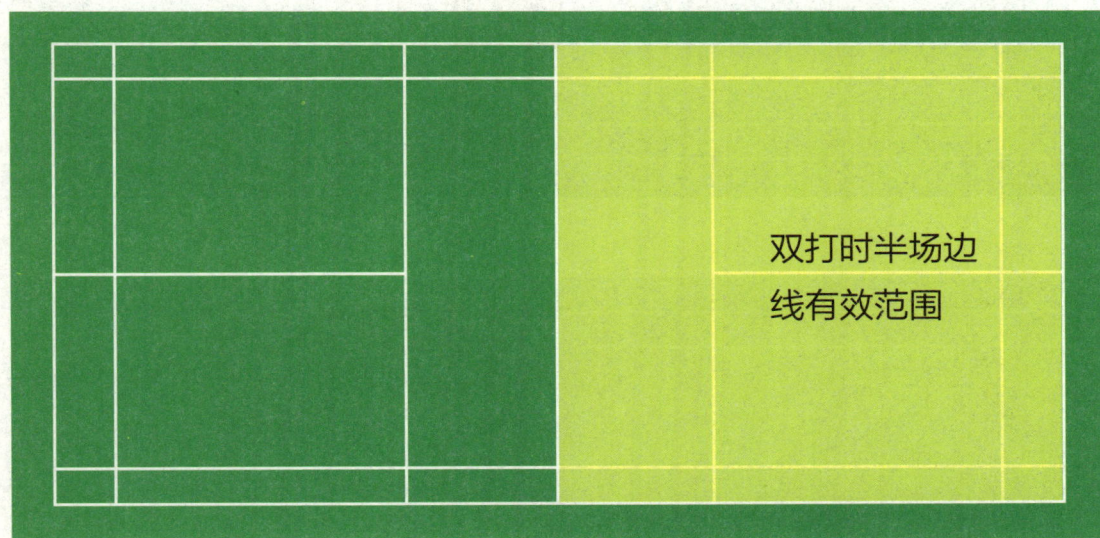

双打时半场边
线有效范围

特别提示

比赛规则规定了在比赛中可以做和不可以做的事情。双打比赛中，要根据比赛中具体的来球情况，由不同的球员负责"前场球""后场球""边线球"。球员要明确自己在比赛中需要接球的位置。

≫≫ 比赛分管区域

如果将球场中己方所在的半场分为四块，一种情况是一名球员负责前半区，另一名球员负责后半区；另一种情况是一名球员负责一块区域，剩下的三块区域由另一名球员负责。比赛过程中，要喊出声音，以和队友更好地配合。

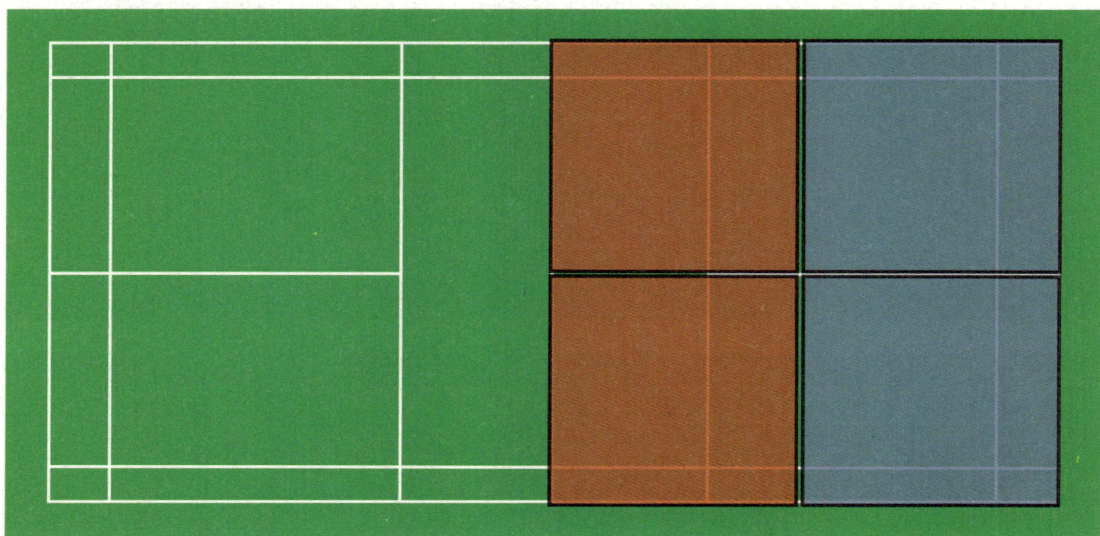

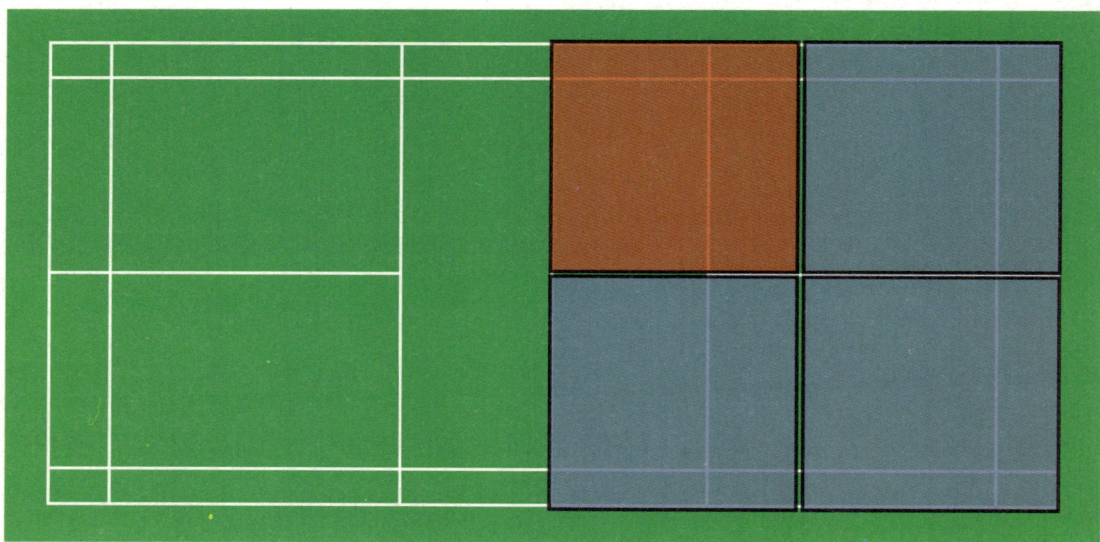

▌接发球技巧

双打时，接发球很有可能成为最初的进攻机会。准确判断对手的回球路线，从第四拍开始进攻。尤其要注意，回球的同时，搭档双方要有共同的目标，二人要预判球路，提前到位。

⫸⫸ 调动在后场防守的对手靠近边线

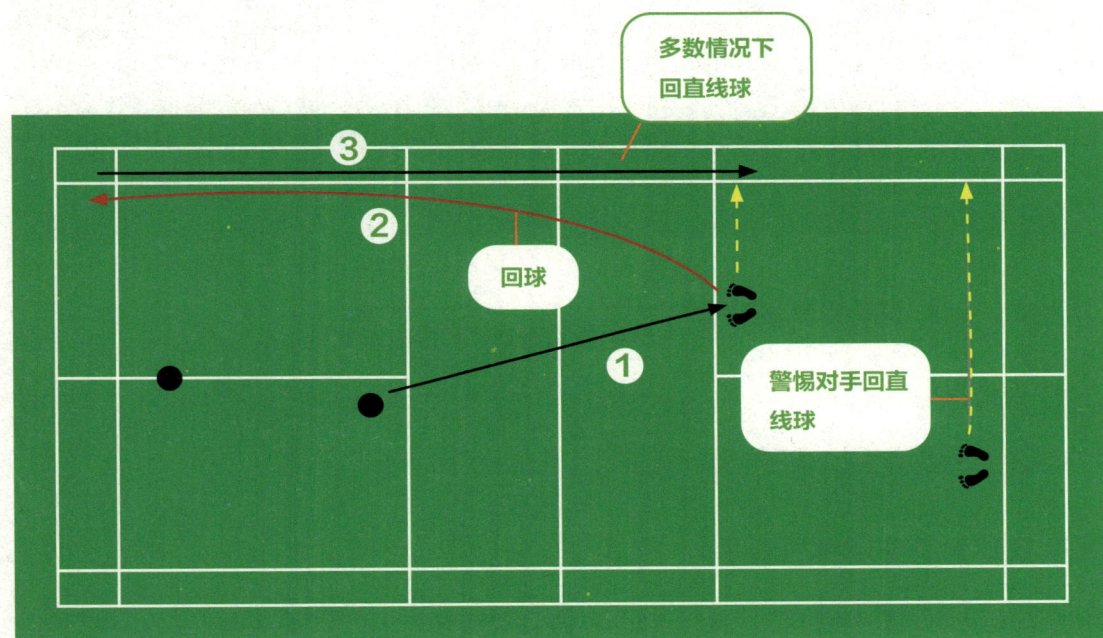

图示： 🦶 己方　● 对手方　➡️ 对手击球路线　⇢ 选手的路线　➡️ 己方击球路线

对手发前场球（路线①），己方争取利用推球回球得分（路线②），将在后场防守的对手引导至场地的边线，此时警惕对手回直线球（路线③）。

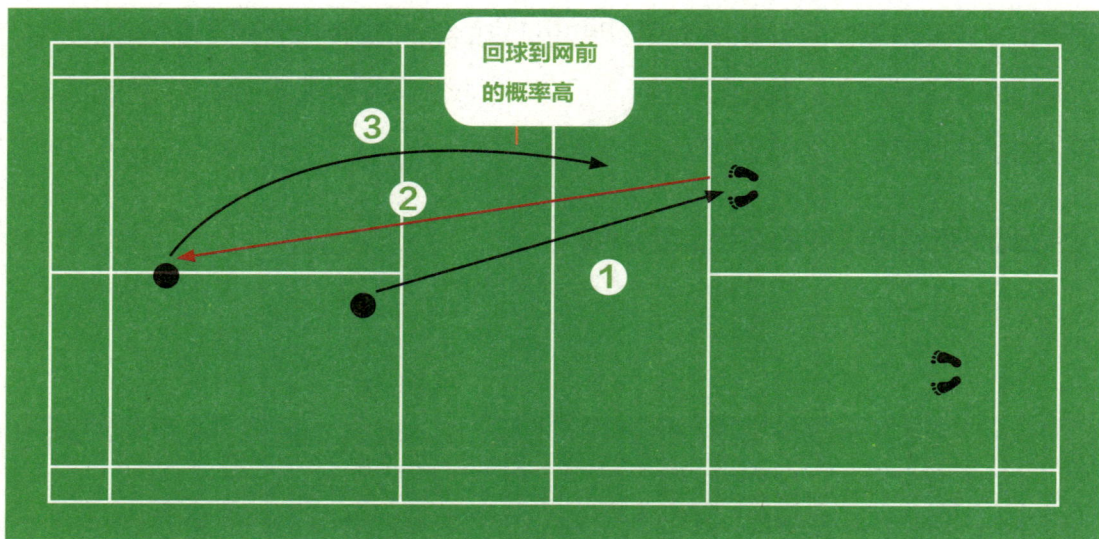

回球到网前的概率高

图示： 己方 ● 对手方 ——→ 对手击球路线 ——→ 己方击球路线

对手发前场球（路线①），己方瞄准在后场防守的对手回球（路线②），此时对手较难调整回球的角度，因此己方在前场防守较容易。

使球落在中场迷惑对手

两侧边线的位置 A 是对手前场和后场防守之间的空当。利用中场球迷惑对手，减少对手反应的时间，从而掌握主动权。迷惑对手的关键在于推球的假动作，使球落在对手网前的位置。

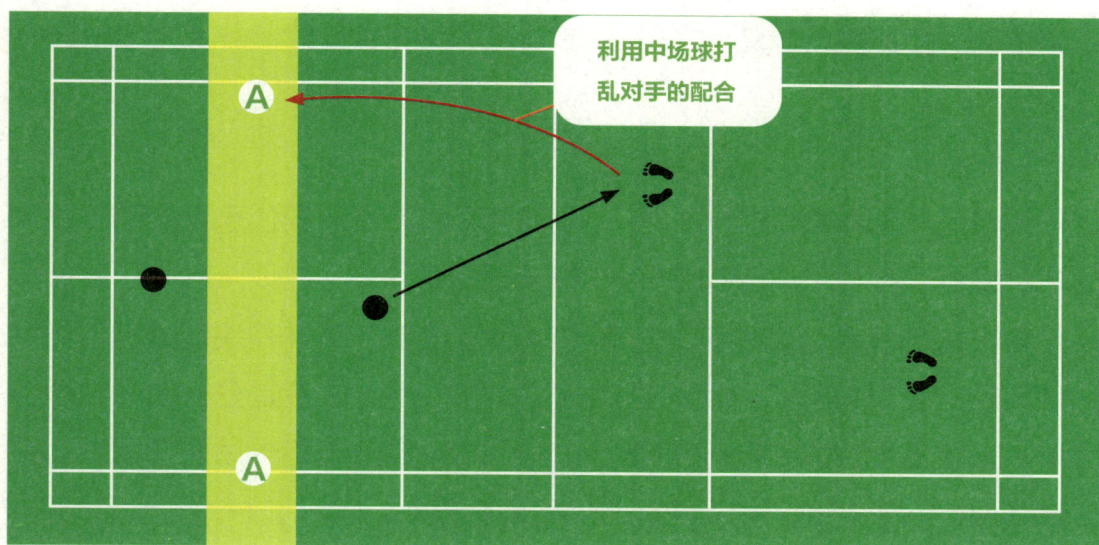

图示： 👣 己方　● 对手方　━━▶ 对手击球路线　━━▶ 己方击球路线

从边线向中场回球

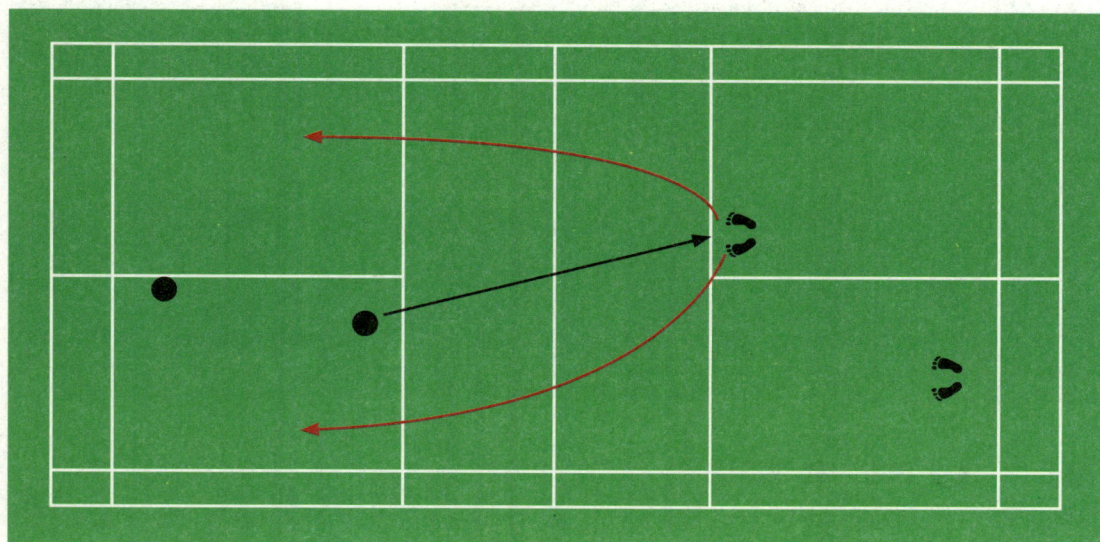

图示： 👣 己方　● 对手方　━━▶ 对手击球路线　━━▶ 己方击球路线

从边线向中场回球是为了迫使对手向中场移动。此方法可以让己方在第一时间回球，使球落在对手网前，趁对手挑球时进攻。

双打站位与跑位

双打站位

双打站位是根据双方的技术水平、打法特点和球路的变化来安排的，不同的站位会直接影响击球的效果以及战术的布置。

一般将己方场区分为两块区域，两名球员各自负责防守一块区域。平行站位和前后站位是被熟知的两种基本站位类型。平行站位是分一左一右两块区域，是覆盖面较大的防守阵型；而前后站位是分一前一后两块区域，是进攻阵型。

⟫⟫ 平行站位

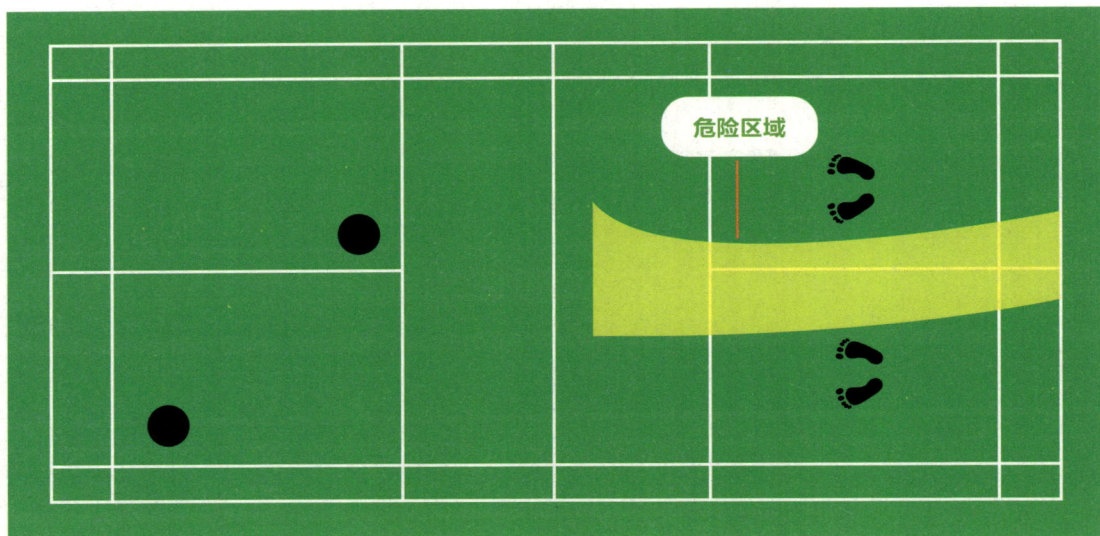

危险区域

图示： 👣 己方　● 对手方

特别提示

一左一右平行站位，适合防守杀球或者边线球。两人中间的空当可能会成为对方攻击的目标，因此要出声配合接球。

这种站位要求两名搭档各自负责各自的半场。两名球员应该特别注意防守自己场地的中心区域，因为这是最难防守的区域。

如果回击对方后场球，接球方立即从前后站位变为平行站位，两人分别负责各自的半场，并多用平抽技术将球压制在对方后场底线两角，使对方回球无力，伺机扣杀或者吊球取胜。

特别提示

当球员与搭档犹豫该谁接球时，正确的做法是始终站在正确的位置。当回球打向场地中间时，使用正手的同伴接球。

>>> 前后站位

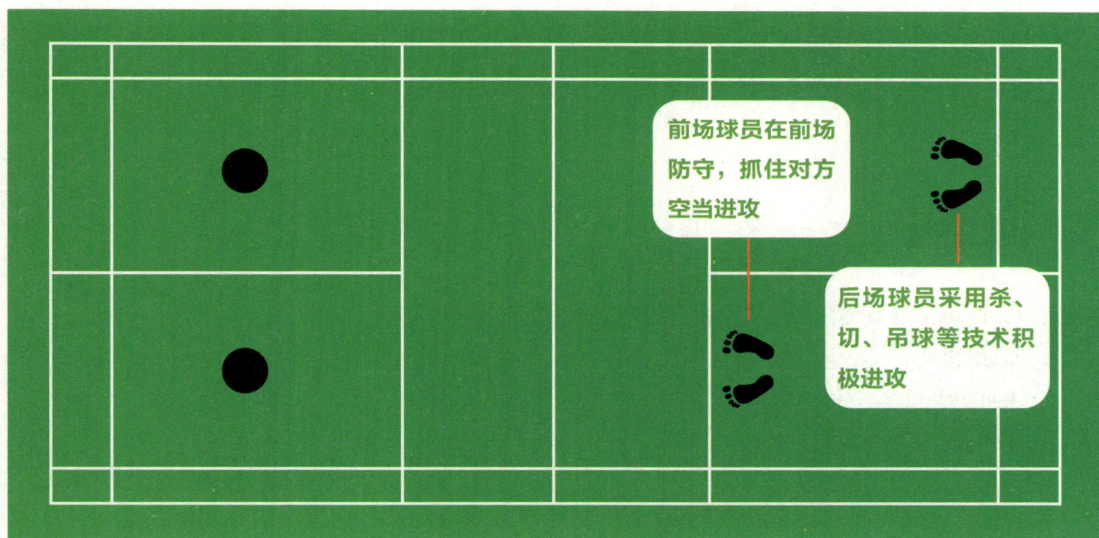

前场球员在前场防守，抓住对方空当进攻

后场球员采用杀、切、吊球等技术积极进攻

图示：👣 己方　● 对手方

特别提示

采用前后站位时，前场球员要注意边线，及时应对落在后方边线的球；而后场球员要注意对方回过来的直线球。

前后站位属于进攻型站位。具体应用中，控球感较强的球员站在前场，攻击性较强的球员站在后场。前场的球员负责在前场防守，后场的球员负责杀球进攻。发球时也采用这种站位。

发球员发球之后，可以上网封堵前场，后场球员则应对中后场来球。从进攻方面来说，前场球员可通过网前技术，如扑球、搓球、放网前球、勾对角球等，打乱对方的站位，再伺机攻杀；或者后场球员连续扣杀，前场球员配合封堵网前，伺机给对方致命打击。

特别提示

当向上走的回球过多时，正确的做法是遇到问题时，打高远球来回击。

如果两名球员必须起高球或者打高远球，这种情况下就应该转换为平行站位。如果两名球员能让球往下走，迫使对手起高球，那么应该及时转换为前后站位。

≫ 抢攻站位

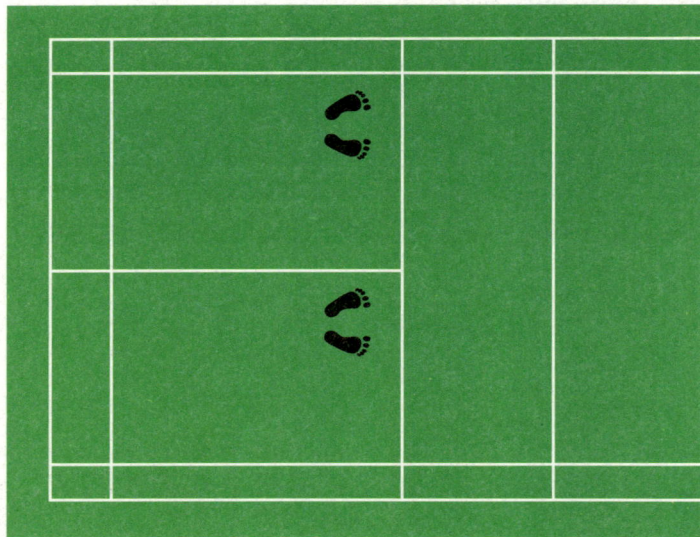

抢攻站位为接发球站位。两位球员都距离发球线较近，高举球拍，身体倾斜，属于典型的进攻型站位。接发球进行抢攻，然后迅速调整，回到中场位置。

特殊站位

在特殊站位中，两名球员成对角线站立，且双方距离较远。前场的球员应对网前球，后场的球员负责后场来球，及时应对空缺位置处的来球。

双打跑位

在双打比赛中，很多时候球员的站位并不是固定的，需要根据比赛局势进行跑位。双打跑位一般分两种情况。

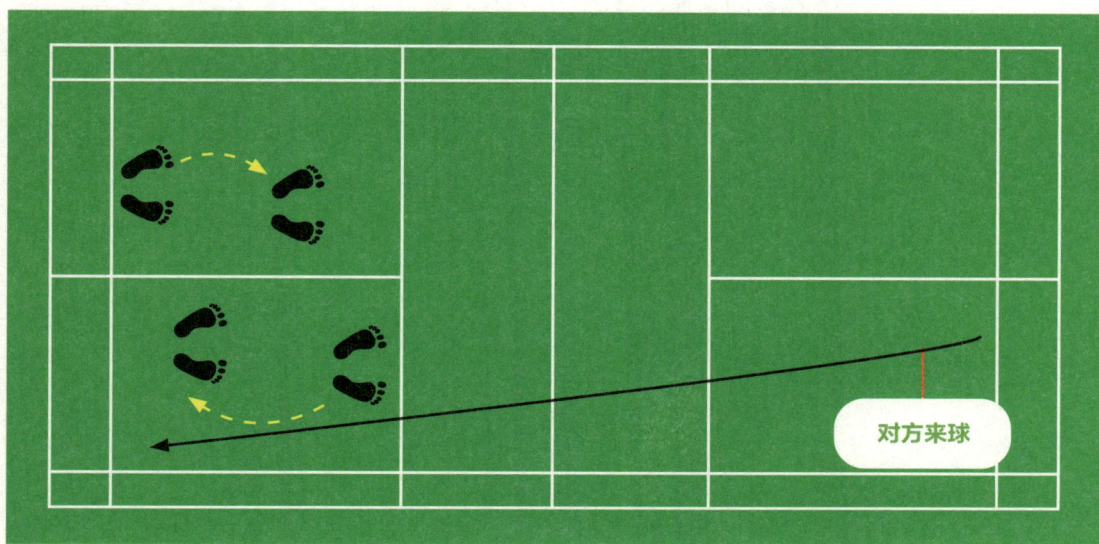

对方来球

图示：　　己方　　选手的路线　对手击球路线

从前后站位转平行站位，意味着从进攻转为防守。发球或者接发球时前后站位，当对方击来的后场高球偏向一侧的边线时，前场球员可急速后退，而原本在后场的球员可以向前移动，形成平行站位。

>>> 平行站位转前后站位

图示：　👣 己方　　- - - ▶ 选手的路线

在比赛过程中，发球或接发球时为平行站位。发球后或接发球后，一旦形势对己方有利、可下压进攻时，己方的一名球员可迅速上网封堵，另一球员则移动到后场，在后场扣、吊、杀球等，攻击对方。

作者简介

陈天宇

曾任国家羽毛球队女单教练组成员、北京羽毛球队男队教练，并在 2016~2020 年担任林丹的教练，现任北京大学医学部教师。曾获 2004 年世界青年锦标赛男团冠军，2006 年全国青年锦标赛甲组男单亚军，2007 年全国冠军赛男单季军，2008 年全国青年锦标赛甲组男单冠军，2011 年世界大学生运动会团体冠军、男单季军，2011 年全国锦标赛男团冠军。